빙빙과 함께하는 감정돌봄 지침서

만화로 보는 감정돌봄

제1권 가족편

김용수 저

학지사

저자 서문

 최근 '감정노동(感情勞動)'이라는 말이 자주 쓰이고 있다. 백과사전적 의미로 '감정노동(感情勞動, Emotional Labor)'은 직업상 자신의 감정을 억누르고 정해진 감정표현을 연기하는 일을 말한다. 주로 고객을 직접 응대하면서 어떤 상황에서든 친절함을 드러내야 하는 서비스직 종사자들에 해당하는 노동 형태이다. 여기에서 고객을 직접 상대하는 판매직뿐만 아니라 사무직, 생산직, 공무원, 소방공무원, 교사, 군인, 경찰을 포함한 직장인 대부분이 감정노동자에 해당될 것이다. 나아가서 가사노동을 하는 주부와 가족관계 및 인간관계를 맺는 사람, 학업 및 관계 스트레스에 노출되어 있는 아동·청소년을 포함하여 모든 사람이 감정노동을 하고 있다고 판단된다.
 그런데 예전에는 크게 관심을 받지 못했던 감정노동이 왜 점점 더 큰 이슈로 등장하고 있는 것인가? 첫째, 회복 탄력성이 점차 낮아지고 있기 때문이다. 어느 외국인이 "한국 사람들은 집단 바쁨병에 걸려 있다."라고 하는 말에서 알 수 있듯이, 우리는 어린 시절부터 학창 시절을 거쳐 사회인이 되어서도 끊임없는 경쟁 체제에서 살아남기 위해 바쁘게 살고 있다. 그러다 보니 몸은 계속 힘들어지지만, 제때 제대로 쉬지 못하는 경우가 많아져 힘이 소진되는 일이 일상화되고 있다. 몸이 힘들어지면 마음도 힘들어진다. 심신의 피로가 쌓이면서, 신체뿐만 아니라 심리적으로 회복 탄력성이 떨어지는 결과를 초래하게 된다. 그리하여 가정과 직장에서 조그마한 자극에도 감정을 자제하지 못하거나, 심지어 본인도 놀랄 정도로 감정이 폭발하기도 한다. 성인뿐만 아니라, 청소년도 스스로 감정을 조절하지 못하고, 사회적으로 문제가 되는 행동을 저지르거나, 신체화된 증상 행동을 호소하는 경우가 자주 발생하고 있다.

둘째, 대중매체의 발달로 인해 시각적으로 보이는 가치가 지나치게 높아지고 있기 때문이다. 최근 TV와 컴퓨터, 그리고 휴대폰 등에서 볼 수 있는 다양한 시각적 자극이 홍수처럼 엄청나게 쏟아지고 있다. 잠시라도 사람들의 주의를 끌기 위해 온갖 기발한 아이디어와 함께 사람들의 고정관념을 깨는 깜짝 영상들까지 종종 등장하고 있다. 마치 어떤 방법을 사용하더라도 사람들의 관심을 끌려는 데에 몰두하는 '감정경매사회'가 되어 버린 것 같다. 이러한 사회현상 속에서 청소년을 포함해 일반 성인까지 타인에게 보이는 가치가 중요하게 되어 버렸다. 그래서 청소년에게 연예인이나 유튜버 등 타인에게 인기를 끌 수 있는 직종이 각광받게 되었다. 그리고 타인이 자신을 어떻게 평가하느냐에 따라 마치 자신의 가치가 결정되는 것처럼 중요하게 받아들이게 되었다. 그리하여 혹시라도 타인이 나를 부정적으로 평가할까 전전긍긍 고민하고, 원하지 않는 말을 들었거나 부당한 대우를 받았을 때, 엄청난 심리적 괴로움을 겪게 되는 경우가 일반화되고 있다. "어떤 경우에도 나의 가치는 내가 결정한다." 이것이 진실이다.

　셋째, 어린아이부터 성인까지 두뇌 사용을 너무 많이 하고 있기 때문이다. TV와 컴퓨터 등을 사용하는 시간이 점점 늘어나고, 과다한 학교와 직장의 경쟁 상황, 나아가 다양한 문명의 이기들까지 현대인들은 더욱더 두뇌를 사용하는 것을 강제적으로 장려받아 오고 있다. 만약 여기에 제대로 적응하지 못하면 금방 사회에서나 가정에서 도태되거나, 역할 수행을 적절히 하지 못할 수 있다는 두려움에 점점 사람들이 봉착하고 있다. 두뇌를 많이 사용하면 할수록, 점점 사고의 중독에 빠질 뿐만 아니라 감정중독 상태에 빠지게 된다. 중독이란 자기 능력을 벗어나 스스로 그것을 조절할 수 없는 상태를 말한다. 그래서 생각하고 싶지 않지만 자꾸 생각이 돌아간다. 일상생활 중에서 심지어 식사할 때, 잠을 자려고 할 때도 그렇다. 이처럼 생각을 많이 하면 할수록 자동적 부정사고(Automatic Negative Thought: ANT)를 하게 될 가능성이 증대되고, 그에 따라 부정적 감정이 만들어진다. 온갖 생각과 감정을 스스로 만들어 그 괴로움에서 벗어나지 못하게 되고, 심지어 다양한 심리적·신체적 증상과 사회적 문제행동을 일으키게 되기도 한다.

　넷째, 자기 자신, 특히 자신의 감정을 돌보는 방법에 대해서 체계적으로 배운 적이 거의 없기 때문이다. 어릴 적부터 부모님과 선생님을 포함한 어른들로부터 "자신을 사랑하라."는 말씀을 종종 들어 왔다. 그러나 구체적으로 어떻게 하면 자신을 사랑하는지를 배운 경험은 거의 없다. 왜냐하면 그분들도 그러한 경험을 가르쳐 줄 만큼 충분히 자신을 사랑하는 법에 대해 배운 적이 없거나 혹은 그와 관련하여 정리된 내용을 갖고 있지 못했기 때문일 것이라 판단된다. 대한민국에서 사는 우리는 끊임없이 무엇인가 "열심히 하라!"는 이야기를 많이 들어 왔고, 또 누군가에게 말하고 있다. 일제 강점기와 전쟁을 거치면서 우리의 선조 세대들은 살아남기 위해 정말 열심히 노력하지 않으면 안 되었으며, 자신을 제대로 돌볼 틈도, 마음의 여유도 없었을 것이라 여겨진다. 그러나 현재 세대들은 앞 세대에 비해 물질적으로 다소 여유가 있을 수도 있지만, 과도한 경쟁과 타인의 시선을 지나치게 의식하는 사회적 가치 속에서 점점 회복 탄력성을 잃어 가고 있다. 이 과정에서 신체적·감정적 소진과 함께 자기 존중과 자기 사랑의 감소 현상이 심화되고 있지만, 스스로 자신의 마음을 효율적으로 돌보는 방법을 몰라 방황하다가 더욱 어려운 상황에 직면하게 되는 경우가 많아지게 되었다.

앞에서 언급한 현상들을 이미 경험한 서구 사회에서는 다양한 방안을 모색하고 실행해 왔다. 그중 미국 매사추세츠 의과대학의 Jon Kabat-Zinn 박사가 만성통증 환자들을 대상으로 실시해 온 마음챙김(mindfulness) 방식은 다양한 분야에서 관심을 받았고, 실제로 도입하여 실행해 오고 있다. 예를 들어, 의료, 상담심리, 교육, 복지, 경영, 군대, 정부기관 등 여러 분야에서 그 방식을 채택하여 활용하고 있다. 마음챙김(mindfulness)은 위파사나의 'sati'를 Jon Kabat-Zinn 박사가 영어로 의역한 것이다. 하지만 'sati'는 이미 우리나라에서 자각 혹은 알아차림이라는 용어로 충분히 활용되어 오고 있었다.

저자는 1990년대부터 자각(알아차림) 방식을 활용하

여 상담 및 프로그램을 진행해 왔으며, 2008년부터 현재까지 매년 등재지에 관련 논문을 투고하는 등 연구를 계속하고 있다. 한편, 일반인들이 그 자각(알아차림)의 원리를 보다 더 수월하게 습득할 수 있도록 『러블리 어텐션: 지친 내 마음을 돌보는 방법(학지사, 2018)』을 저술하고 지속적으로 프로그램을 실시해 왔으며, 이번에는 『만화로 보는 감정돌봄: 빙빙과 함께하는 감정돌봄 지침서』를 출간하게 되었다.

앞서 출간한 『러블리 어텐션: 지친 내 마음을 돌보는 방법』에서 자각의 원리를 설명하고 다양한 사례를 단편적으로 제시하였다면, 이 책에서는 가정이나 직장에서 어려움을 겪을 수 있는 감정 관련 이슈들을 중심으로 자각 방식에 기초하여 해결해 나가는 과정들을 구체적으로 제시하였다는 데 의미가 있다. 이 책을 통해 이슈별로 신체, 감정, 인지, 기억 자각 방식을 적절히 활용하여 문제를 해결해 나가는 모습을 보여 줌으로써 비슷한 어려움을 겪는 사람들에게 실제적인 도움이 될 것이라 기대한다. 이뿐만 아니라, 상담이나 교육, 코칭 영역에 종사하는 분들이나 조직의 관리자 역할을 하는 분들에게도 도움이 되길 기대한다.

빙빙(BeingBeing)에서 'Being'은 '지금 이 순간' '본래 모습' 혹은 '참 존재'라는 의미이며, 다른 또 하나의 'Being'은 '되기(becoming)'라는 의미다. 그래서 빙빙(BeingBeing)이란 '지금 이 순간 본래 모습 혹은 참 존재가 됨'을 의미한다. 자각을 하게 되면, 찰나 여유와 함께 찰나 지혜를 갖게 되는 효과가 있다. 감정이 불편한 순간, 자각을 통해 찰나 감정의 여유를 갖게 되면, 본래 모습 혹은 참 존재로 지혜를 발휘하게 됨으로써, 삶을 평화롭고 행복하게 영위할 수 있을 것이다. 이 책에서 감정 자각의 방식으로 제안한 "그분이 오셨네."를 전 국민이 하게 될 날을 기대하면서, 여러분 모두에게 평화와 행복이 함께하길 기원한다.

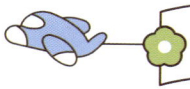 **빙빙(BeingBeing) 캐릭터 소개**

빙그레: 이 캐릭터는 그냥 '빙그레' 웃는 것을 나타낸다. 혹시 여유가 된다면, 숨을 들이쉬고 내쉬며 '빙그레'하면 더욱 좋은 느낌의 상태를 경험하게 될 것이다.

그분이 오셨네: 이 캐릭터는 자신의 감정이 불편한 상태에 있음을 알아차리고, 그러한 마음 상태를 수용적으로 바라볼 수 있도록 하는 방안으로 '그분이 오셨네.'라고 생각하거나, 혹은 말로 표현하는 것을 나타내고 있다.

만들었구나: 불편한 감정의 바탕에는 대개 그 감정을 발생시키는 생각이 깔려 있다. 이 캐릭터는 자기 생각으로 인해 마음이 불편하게 되었음을 깨닫는 순간, '(내가 생각을) 만들었구나.'라고 생각하거나, 혹은 말로 표현하는 것을 나타내고 있다.

너였구나: 상황에 따라 과거의 기억과 이와 함께 저장되었던 감정이 올라올 때가 있다. 이 캐릭터는 이러한 기억과 감정이 함께 올라왔음을 알아차리고, 그 마음을 수용적 태도로 대하는 방법으로 '너였구나!'라고 생각하거나, 혹은 말로 표현하는 것을 나타내고 있다.

차례

- 저자 서문 / 3
- 빙빙(BeingBeing) 캐릭터 소개 / 9

제1부 취준생의 "잘하려고 한 거잖아!"

01 가슴이 왜 갑갑하지?	16
02 모녀의 '그분이 오셨네.'	22
03 생각일까? 사실일까?	28
04 잘하려고 한 거잖아	34

제2부 엄마의 불면증 "어린 너였구나!"

05 잠이 잘 안 와	44
06 엄마의 '그분이 오셨네.'	50
07 너였구나	56
08 My way	62

제3부 정민이의 학업 스트레스 "숨을 못 쉬겠어."

- 09 힘든 사랑   72
- 10 왜 나만 힘들까?   81
- 11 정민이의 '생각일까? 사실일까?'   90
- 12 너, 정말 애썼다   99

제4부 정민이 엄마의 "걱정을 사서 하고 있구나!"

- 13 나도 해 볼까?   112
- 14 만들었구나   121
- 15 너였구나! 네가 왔구나!   130

제5부 정민이 아빠의 "나도 한번 해 볼까?"

- 16 까딱하면 폭발할 뻔…   142
- 17 무책임한 놈들!   151

제6부 정민이 엄마와 아빠의 부부 참만남

18 아내의 어린아이 마음 — 164
19 남편의 어린아이 마음 — 173

제7부 우리 모두 함께 "그분이 오셨네!"

20 기쁨 찾기 — 186
21 다 함께 "그분이 오셨네." — 195
22 그오네 가족 — 204

- 에필로그 / 215
- 참고문헌 / 217

제1부

취준생의
"잘하려고 한 거잖아!"

취업준비생 자빈이는 도서관에서
과호흡을 경험하게 되었다.
자빈이가 어떻게 자신의 다양한 생활 스트레스를 극복하고,
자신감을 찾게 될 것인가?

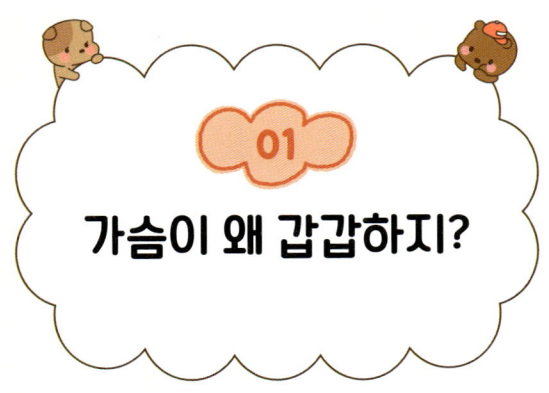

01
가슴이 왜 갑갑하지?

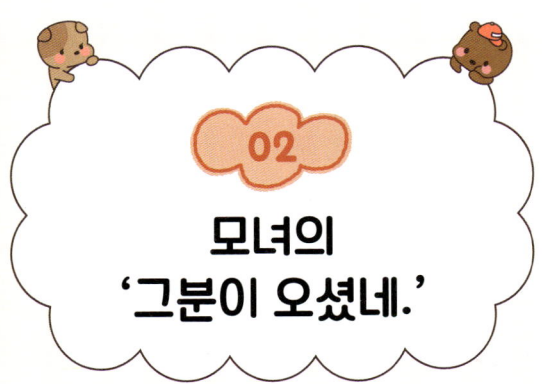

02
모녀의 '그분이 오셨네.'

03
생각일까?
사실일까?

<며칠 전>

빙빙(BeingBeing)의 Tip!

　우리가 너무 힘들 때, 자신도 모르게 심호흡을 하게 되는 경우가 있다. 심호흡은 심신의 안정 효과가 있기 때문이다. 자신도 모르게 하였던 심호흡을 반복적 훈련을 통해 의도적으로 실행함으로써, 필요한 때에 스스로 심신의 안정을 가져오게 할 수 있다. 주인공 자빈이가 과도한 스트레스로 인해 가슴이 답답해졌을 때 실행했던 호흡이 바로 그러한 경우다.

　마음이 불편한 때에 감정의 홍수에 빠지게 되면, 생각이 꼬리에 꼬리를 물고 이어지고, 이에 따라 점점 더 괴롭고 힘들게 된다. 그때 자신이 불편한 감정 상태에 빠졌음을 정확히 자각하게 되면, 괴로운 감정 상태에 있던 마음이 바라보는 마음으로 이동하게 되어 괴롭고 힘든 상태에서 빠져나오는 효과가 발생한다. 나아가 자신이 불편한 감정 상태에 있다는 것을 자각했을 때 '그분이 오셨네!'라고 불편한 감정을 사랑의 관점으로 바라보게 되면, 더욱 효율적인 결과를 기대할 수 있다. 한편 누군가가 불편한 감정 상태에 있다면, '문제를 소유했다.'라고 말할 수 있다. 주인공 자빈이가 편의점에서 학생들을 바라보며 '그분이 오셨네.'라고 자각하거나, 집에서 엄마를 보며 '엄마가 문제를 소유하고 있구나.'라고 알아차림으로써 불편한 감정 상태에서 빠져나오게 된 것이 그 좋은 예다.

　우리는 종종 자신이 불편한 감정을 갖게 된 이유가 상황이나 상대의 행동 때문인 것으로 여긴다. 그러나 대개는 상황이나 상대의 행동에 대한 자기 생각으로 인해 불편한 감정을 갖게 된다. 이 원리는 불편한 감정뿐만 아니라, 즐거운 감정에도 마찬가지로 적용된다. 주인공 자빈이는 이모의 말에 감정이 불편해졌을 때, '그분이 오셨네.'라고 알아차림과 동시에 '이모가 나를 무시하고 있다는 생각을 내가 만들었구나.'라고 통찰하게 되었다. 나아가 '엄마가 나보다 (동생) 성빈이를 더 좋아한다는 것도 내 생각일까? 아님 사실일까?'라고 스스로 자신의 고정관념을 재점검하게 되었다. 한편, 감정의 홍수에서 벗어나 마음의 여유를 갖게 되면, 필요한 경우에 상대에게 적절히 자기표현을 할 수도 있다. 여기에서 자기 생각으로 인해 불편한 감정을 갖게 된다는 말은 자신의 감정을 억압하라는 뜻이 아니다. 다만 그 원인이 되는 생각을 통찰하고 객관화시켜 바라보라는 것이다.

　알아차렸다고 해서 한 번에 다 해결되는 것이 아니다. 불편한 감정과 생각은 수시로 찾아온다. 다만 자각을 꾸준히 하게 되면, 예전과 달리 신체 증상이 심해지거나 혹은 감정의 홍수에 깊이 빠지기 전에 빨리 알아차릴 수 있게 되고, 심호흡을 하는 등 나름대로 자신이 할 수 있는 방안을 강구하게 된다. 그러한 경험이 쌓이게 되면 점점 자신감을 찾고, 나아가 자신을 긍정적으로 바라보고, 스스로 자신을 수용하고 지지하는 상태에 이르기도 한다. 자빈이가 '나도 잘하려고 한 거잖아! 너도 애썼다. 정말 애썼다. 뭐든지 또 와 봐라!'라고 하는 부분이 이에 해당된다.

가족의 감정돌봄과 관련하여 자세한 설명을 원하는 분은
QR코드로 접속하여 저자의 사례 해설 동영상을 시청하세요.

엄마의 불면증
"어린 너였구나!"

자빈이의 엄마는 불면증을 겪고 있을 뿐만 아니라
습관적으로 남을 위해 살던 방식이 있었다.
자빈이의 엄마는 어떻게 이 방식에서 벗어나
자신의 인생을 찾아가게 될 것인가?

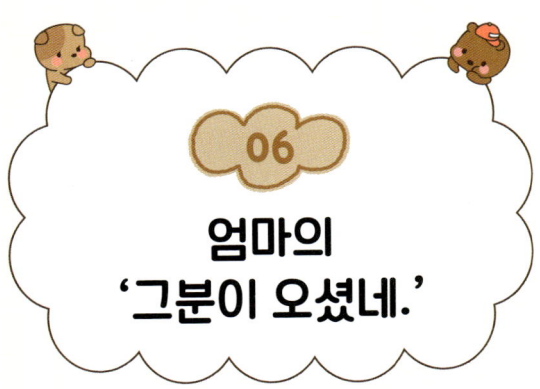

06
엄마의 '그분이 오셨네.'

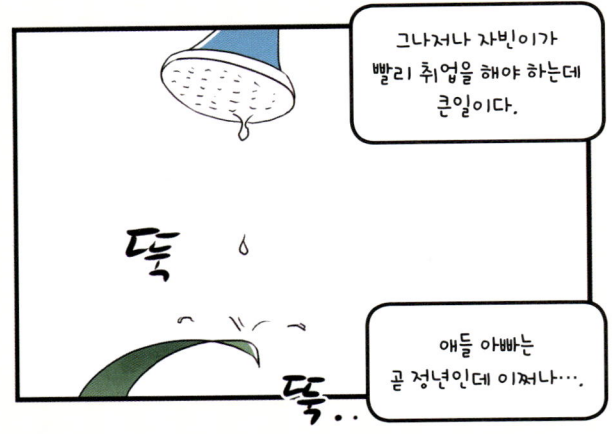

08
My way

빙빙(BeingBeing)의 Tip!

　신체를 긴장시키고 이완하면, 마음도 함께 긴장 이완되는 효과가 있다. 이러한 원리를 이용하여 마음이 불편할 때 의도적으로 신체를 긴장 이완하면, 마음도 함께 긴장 이완된다. 이뿐만 아니라, 수면 장애 혹은 불안 장애의 경우에 신체의 긴장과 이완이 도움이 된다. 이러한 사례는 자빈이 엄마뿐만 아니라 다양한 상담 및 임상 장면에서 보고되고 있다.
　문제 소유란 마음이 불편한 상태를 의미한다. 자빈이의 엄마가 아들로 인해 마음이 불편하다면 자빈이 엄마가 문제를 소유하고 있는 것이다. 이때 "그분이 오셨네."라고 말하기도 한다. 자신의 불편한 마음을 알아차리게 되면, 불편한 감정 상태에서 벗어나는 효과가 있을 뿐 아니라, 자기 자신의 반복적인 행동 및 사고 패턴을 객관적으로 통찰하는 기회를 가질 수도 있다.
　자신의 감정과 생각을 객관적으로 통찰하다 보면, 때때로 그 뿌리가 과거의 경험으로부터 시작되었음을 자각하는 경우가 있다. 자빈이 엄마 이혜선 씨의 경우, 매번 가족을 걱정하고 습관적으로 챙기는 행동 및 사고 패턴이 자신의 어린 시절부터 시작된 것임을 통찰하게 되었다. 나아가 그러한 자신의 모습을 수용적으로 받아들일 수 있게 되었다.
　감정과 생각 및 기억에 대한 정확한 통찰을 하게 되면, 이로부터 자유로워질 수 있는 계기를 마련하게 될 것이다. 마지막 부분에서 자빈이 엄마는 자신의 습관적인 사고 및 행동을 통찰하고, 그러한 습관에서 벗어나 자신의 가치를 실현하고자 시도하는 모습을 보여 주고 있다.

가족의 감정돌봄과 관련하여 자세한 설명을 원하는 분은 QR코드로 접속하여 저자의 사례 해설 동영상을 시청하세요.

정민이의 학업 스트레스
"숨을 못 쉬겠어."

중학생 정민이는 과도한 학업 스트레스로 인해
호흡 장애를 겪고 있다.
정민이가 어떻게 스트레스에서 벗어나고
부모님과의 관계를 회복할 수 있을까?

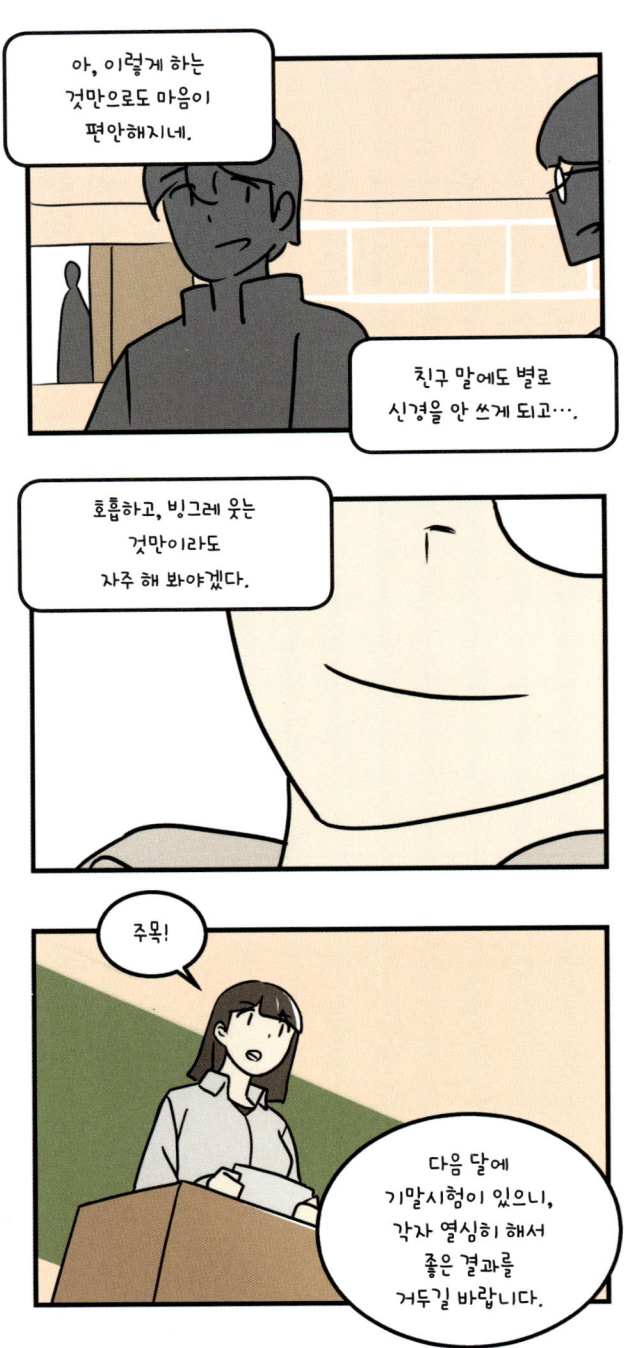

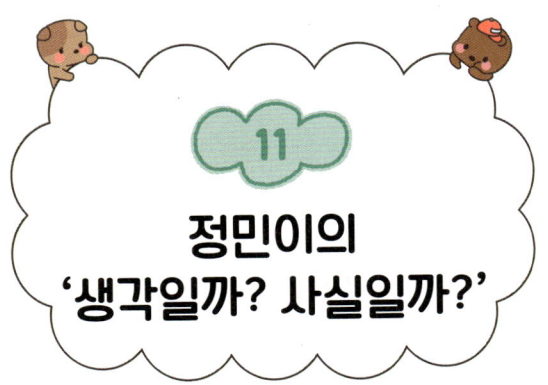

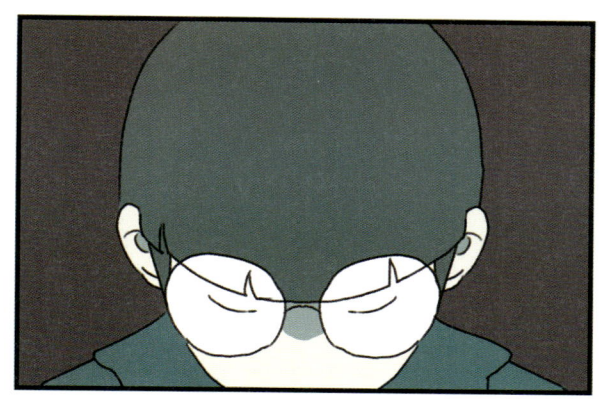

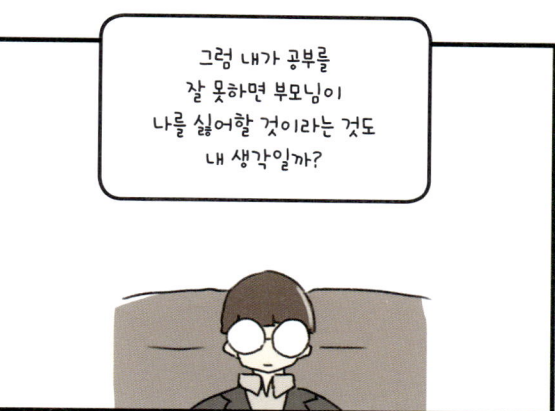

12
너, 정말 애썼다

<현재>

빙빙(BeingBeing)의 Tip!

　주인공 정민이는 첫째, 호흡과 빙그레를 꾸준히 실천하고, 둘째, "그분이 오셨네!"라는 방법을 활용하여 불편한 감정을 알아차리고, 셋째, 자신의 비합리적인 사고를 점검하면서 고정관념에서 벗어나고, 넷째, 자신과 타인을 긍정적으로 바라보고 수용하게 됨으로써 과도한 스트레스로 인한 일시적 호흡 장애에서 벗어나게 되었을 뿐 아니라, 자신감과 가족을 되찾게 되었다. 이때 각각의 방법을 별도로 사용하기보다 상황에 따라 혼용해서 사용하는 게 더 효과적이다. 여기에서 정민이가 "그분이 오셨네!"라고 자신의 불편한 감정을 알아차린 다음, 호흡과 빙그레를 이어서 한 것이 대표적인 예다. 그리고 마음이 불편한 상태를 알아차리고 신체감각을 자각하거나, 불편한 감정을 유발하는 자기 생각을 점검하면서 비합리적인 사고에서 탈피하려는 부분도 적절한 시도로 보인다.

가족의 감정돌봄과 관련하여 자세한 설명을 원하는 분은
QR코드로 접속하여 저자의 사례 해설 동영상을 시청하세요.

제 4 부

정민이 엄마의
"걱정을 사서 하고 있구나!"

초등학교 교사인 정민이 엄마는 항상 걱정과 불안이 많다.
아들, 남편, 학생들과 교장선생님까지…
이 불안을 어떻게 해소할 것인가?

13
나도 해 볼까?

요즘 스트레스 때문에 죽을 지경인데 정민이를 보니 힘이 나네.

14
만들었구나

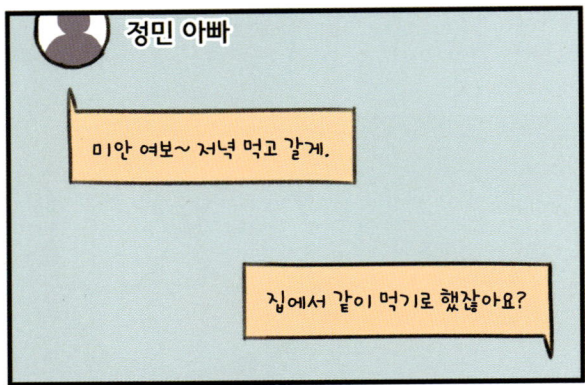

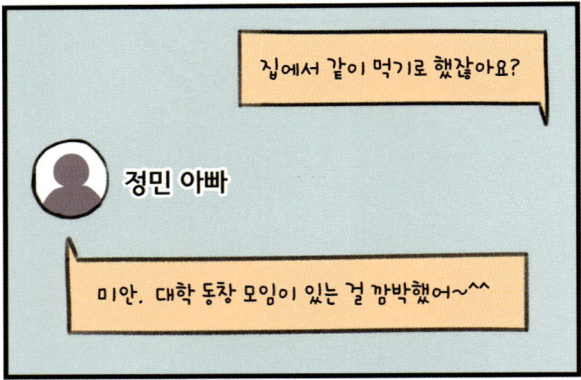

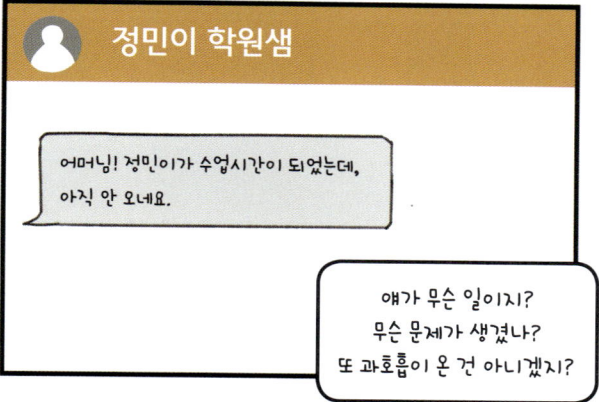

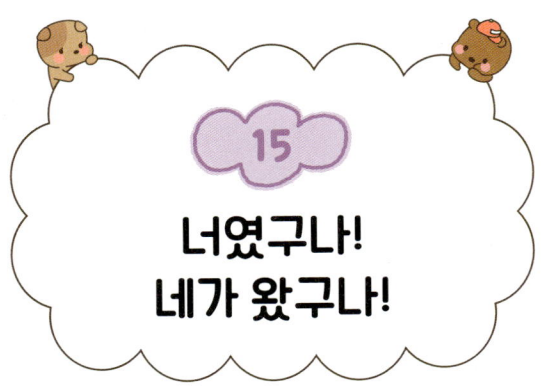

아, 바로 어린 시절의 내 마음이 올라오는 것이구나.

너였구나

언니는 책임감 있는 장녀라고 인정을 받고

남동생은 아들이라고 사랑을 받고…

빙빙(BeingBeing)의 Tip!

습관 중에 최악의 습관은 부정적 사고의 습관이라고 할 수 있다. 특히 현대인들은 끊임없이 무엇인가를 이루고자 하면서, 일상생활에서 무언가 잘못되었거나 부족한 부분에 주의를 기울이며 살고 있다. 그러다 보니 매번 스스로 자동적 부정 사고(Automatic Negative Thought: ANT)를 하게 되고, 이에 따라 불편한 감정 상태에 머무르며 살아가고 있다. 주인공 정민이의 엄마가 바로 그러한 삶을 살고 있었다. 이때, 호흡과 빙그레를 포함해 신체 자각을 하게 되면, 이완과 주의집중 등 다양한 효과가 있다. 신체 자각은 반복적으로 하면 할수록 더욱 큰 위력을 발휘한다. 그리고 '그분이 오셨네.'라는 감정 자각을 하는 것도 도움이 된다. 이와 동시에 자기 생각을 점검하는 시도를 꾸준히 하게 됨으로써, 자신의 사고 패턴을 발견하게 되고 자신의 비합리적인 사고를 예전보다 수월하게 발견하면서, 자연스럽게 자동적 긍정 사고(Automatic Positive Thought: APT)로의 전환이 이루어지게 된다. 이러한 과정을 거치면서 편안하고 행복한 마음 상태와 원만한 인간관계를 유지할 수 있게 된다. 나아가 비합리적 사고의 배경이 되는 상처 입은 어린 시절의 기억까지 통찰하고 수용해 주는 경험도 할 수 있다. 그러다 보면, 자신뿐만 아니라 관련된 타인까지 수용적으로 받아들이게 될 것이다.

가족의 감정돌봄과 관련하여 자세한 설명을 원하는 분은 QR코드로 접속하여 저자의 사례 해설 동영상을 시청하세요.

제 5 부

정민이 아빠의
"나도 한번 해 볼까?"

정민이와 정민이의 엄마가 사용한 방식을 활용하여
정민이 아빠도 회사의
대인관계뿐만 아니라 동생들과의 관계까지
회복해 나가게 된다.

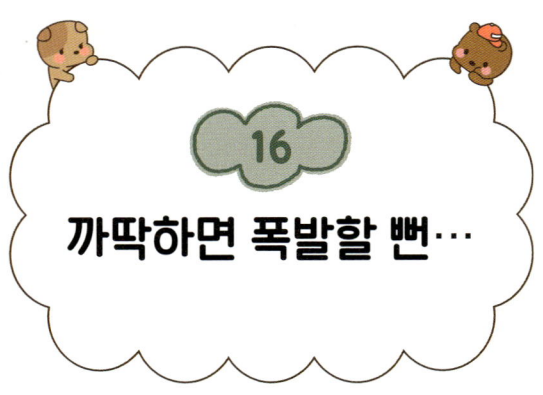

16
까딱하면 폭발할 뻔…

나도 한번 해 볼까?

17 무책임한 놈들!

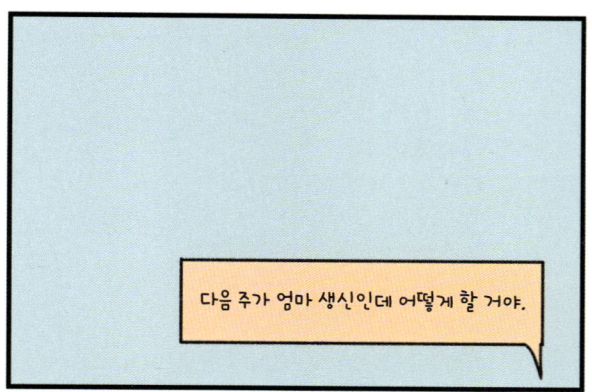

다음 주가 엄마 생신인데 어떻게 할 거야.

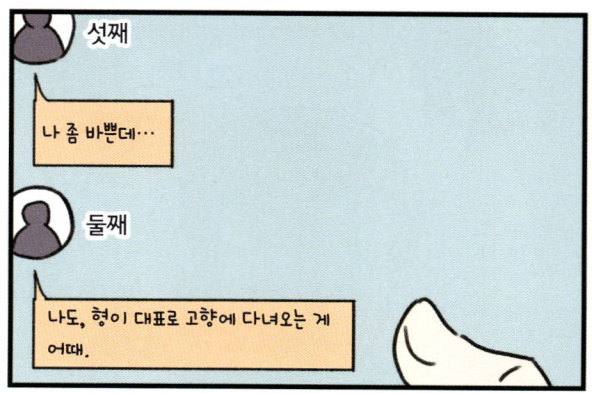

셋째

나 좀 바쁜데…

둘째

나도, 형이 대표로 고향에 다녀오는 게 어때.

<며칠 전>

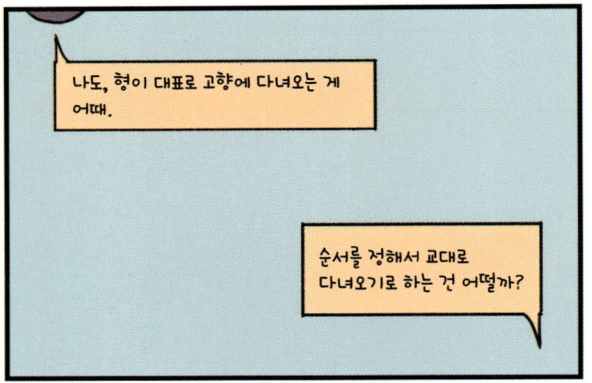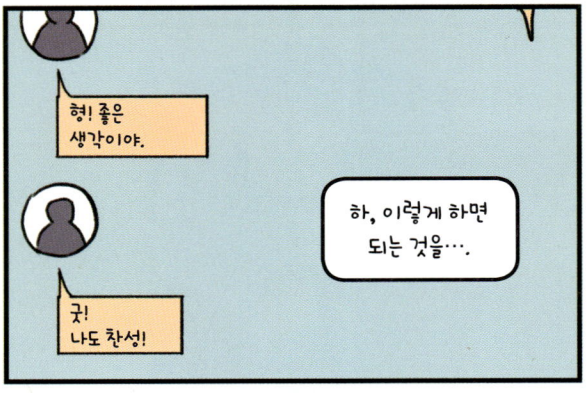

빙빙(BeingBeing)의 Tip!

　우리의 마음은 다 연결이 되어 있다. 예를 들어, 직장에서의 문제가 가족 문제로 전이되거나, 가족관계 문제가 직장 문제로 전이되기도 한다. 여기에서 주인공 정민이 아빠는 꾸준히 빙그레, 신체 자각과 함께 자신의 감정과 생각을 살피는 노력을 지속하였고, 나아가 동생들과 자기 자신을 긍정적인 관점으로 이해하게 되었다. 이러한 노력이 토대가 되어 동생들과의 관계에서 쌓였던 불편한 마음이 직장의 부하직원들에게 나타난 사실을 통찰하게 되었다. 그리하여 가족관계와 직장의 대인관계를 함께 개선하게 되는 효과를 경험하게 되었다. 이 사례에서 통찰은 한순간에 이뤄졌다기보다 지속적인 노력의 결실이라고 여겨진다.

가족의 감정돌봄과 관련하여 자세한 설명을 원하는 분은
QR코드로 접속하여 저자의 사례 해설 동영상을 시청하세요.

제 6부

정민이 엄마와 아빠의 부부 참만남

정민이의 엄마와 아빠는 평소 서로에게 불만이 있었는데,
알고 보니 자신들의 어린 시절에 부모로 인해 만들어진
상처가 건드려지고 있었다.
정민이 엄마 아빠는 어떻게 이 문제를 헤쳐 나갈 것인가?

18 아내의 어린아이 마음

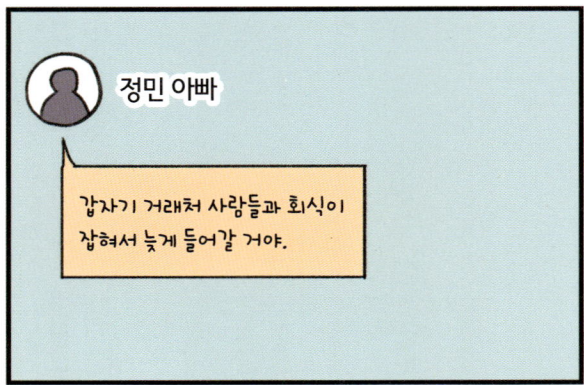

19 남편의 어린아이 마음

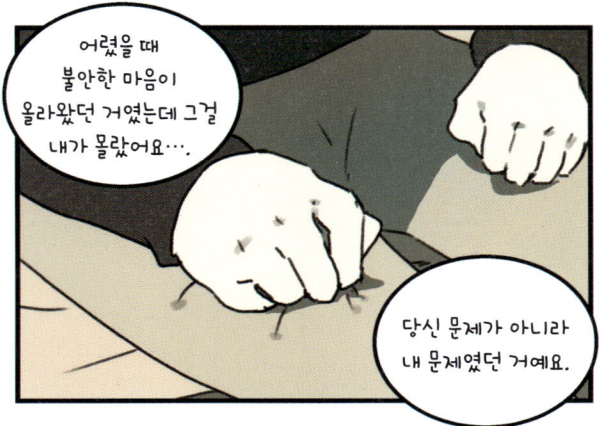

빙빙(BeingBeing)의 Tip!

"결혼은 서로 상처 주기를 작정하는 것이다."라는 웃픈(웃기고 슬픈) 이야기가 있다. 함께 살면서 배우자에 대한 자신의 기대가 매번 좌절되는 것을 경험함으로써 그렇게 될 수 있다. 한편, 각자 자라 온 환경에서 상처받은 부분이 배우자를 통해 건드려져서 그렇게 될 수도 있다. 사실 배우자에 대한 기대가 예전에 상처받은 데 대한 보상 심리로 강하게 구축되기도 한다. 그리하여 배우자가 자신이 원하는 대로 행동하지 않으면, 예전에 가졌던 상처가 건드려져 강하게 반응하게 되고, 배우자는 상대가 과민하게 반응한다고 여기고 반발하게 되어 부부관계에서 감정의 상승 작용을 불러오게 된다. 그리하여 부부생활 내내 불편한 관계를 유지하거나, 때로는 부부관계가 파국을 맞게 되기도 한다. 이 사례에서 정민이 엄마와 아빠가 보여 주는 내용이 바로 이러한 경우다. 다행스럽게도 정민이 엄마와 아빠가 자신들의 성장 과정에서 만들어진 상처를 통찰하게 되었고, 나아가 서로 고백을 통해 부부간의 참만남을 하게 되었다. 이런 참만남은 한순간에 이뤄지기 어렵다. 우선, 서로 자신의 감정과 생각을 바라보는 일을 꾸준히 수행하는 것이 중요하다. 그리고 평소에 신뢰 관계를 구축하면서, 좋은 때를 기다려 I-message 방식으로 고백하면서 소통한다면 효과적인 결과를 기대할 수 있을 것이다.

가족의 감정돌봄과 관련하여 자세한 설명을 원하는 분은 QR코드로 접속하여 저자의 사례 해설 동영상을 시청하세요.

우리 모두 함께
"그분이 오셨네!"

학교 교사인 정민이의 엄마가 학생들에게
자신이 활용한 방식을 전수하는 등
자빈이네와 정민이네는 주위 사람들에게
선한 영향력을 미치게 된다.

20 기쁨 찾기

<정민이 학교>

<정민이 아빠 직장>

<정인이 엄마 학교>

21
다 함께
"그분이 오셨네."

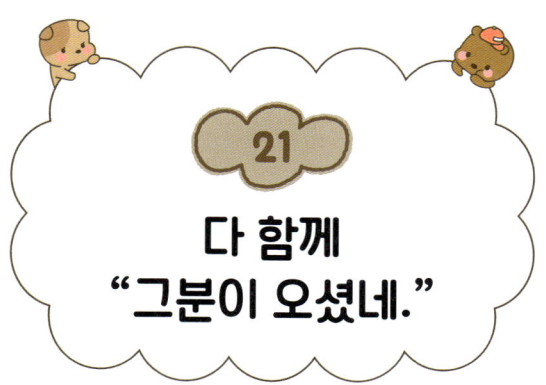

22 그오네 가족

빙빙(BeingBeing)의 Tip!

"들판에 한 송이 꽃이 피기 시작하면, 곧이어 들판이 그 꽃으로 가득 차게 된다."라는 말이 있다. 이러한 말처럼 한 사람이 빙그레와 "그분이 오셨네!" 등의 방식으로 노력하다 보면, 주위에 자각의 방식이 퍼져 나가게 된다. 이 사례에서 취업준비생 자빈이와 중학생 정민이가 과호흡 문제로 인해 자각을 시작하면서, 엄마와 아빠까지 자각을 생활화하게 되었다. 또한 아픔 자각뿐만 아니라 기쁨 자각도 일상생활에 병행하게 되면서 행복도를 증진하는 모습을 보여 주고 있다. 한발 더 나아가 초등학교 교사인 정민이 엄마는 학생들에게 적극적으로 자각의 원리를 가르쳐 주면서 교실의 분위기를 점점 변화시켜 나가는 모습을 보여 주고 있다. "한 사람이 성장하면, 삼대가 복을 받는다."라고 한다. 자신과 자녀와 손주 세대까지, 나아가 배우자와 자신의 원가족과 배우자 가족까지, 더욱더 나아가 직장을 포함해 자신의 주위 사람들까지 그 효과가 전해지길 기대한다.

이 책을 읽어 주신 독자분들에게 감사드립니다.

가족의 감정돌봄과 관련하여 자세한 설명을 원하는 분은 QR코드로 접속하여 저자의 사례 해설 동영상을 시청하세요.

그동안 애독해 주신
독자 여러분께 감사드립니다.

에필로그

  그동안 『만화로 보는 감정돌봄(제1권 가족편)』을 애독해 주신 독자분들께 감사의 마음을 전한다. 만화 사례와 함께 각 부별로 동영상 해설을 덧붙여서 독자들의 이해를 돕고자 하였지만, 여전히 실제 생활에 활용하는 데는 한계가 있으리라 본다. 다만 이 책에서 지금까지 제시하였던 네 가지 빙빙 캐릭터가 상징하는 호흡과 '빙그레' '그분이 오셨네' '만들었구나!' '너였구나!' 등의 원리를 적절히 활용한다면, 당면한 문제를 보다 용이하게 해소해 나갈 수 있으리라 기대한다.

  이 책은 다양한 사례를 통해 자각(알아차림)에 기초한 네 가지 원리를 반복적으로 제시함으로써, 독자들이 스스로 감정돌봄을 할 수 있도록 조력하고자 저술되었다. 나아가 원리에 대한 이해를 돕기 위해 가족편에서는 저자가 직접 책의 내용에 대해 해설해 주는 동영상을 촬영하여 제공하였고, 직장인편에서는 네 가지 원리와 관련한 저자의 강의 동영상을 추가적으로 제공하였다. 여기에서 한발 더 나아가 청소년과 일반인의 자각 증진을 돕기 위한 훈련용 게임 애플리케이션(이하 앱)으로 '빙빙(BeingBeing)'을 개발하여 내놓게 되었다. 자각, 알아차림, 마음챙김 등의 주제와 관련하여 단지 일방적인 전달이 아니라, 게임 방식을 활용하여 상호작용 학습이 일어나도록 시도한 앱은 '빙빙(BeingBeing)'이 거의 세계 최초일 것이라 생각한다. 그리하여 사람들로 하여금 만화 사례와 동영상, 게임 앱을 포함한 세 가지 매체를 종합적으로 활용하여 자신의 감정을 효과적으로 돌볼 수 있도록 조력하고자 한다.

수년간 함께 고민하며 만화를 제작해 준 박용희 작가와 동영상 촬영 및 편집에 도움을 준 정재석 박사에게 감사를 전한다. 또한 이 책의 출판을 허락해 주시고 다양한 지원을 아끼지 않으신 학지사 김진환 사장님과 학지사와의 인연을 지금까지 이어 주고 있는 한승희 부장님께 감사드린다. 그리고 이 책의 출판을 위해 애써 주신 김순호 이사님과 꼼꼼하고 자상하게 교정하고 챙겨 주신 편집자 김지수 님을 비롯한 학지사의 모든 분께 고개 숙여 감사드린다.

저자는 평소에 소속 공동체의 운영 수칙으로 "첫째, 나부터 행복하자. 둘째, 우리끼리 잘 지내자. 셋째, 그 힘으로 주위를 행복하게."라고 주장해 왔다. 이처럼 가족과 직장인들이 만화와 동영상과 앱을 활용한 감정돌봄을 통해 먼저 자신부터 행복하고, 구성원들과 잘 지내며, 그 힘으로 하고 있는 일들을 더욱 신나고 효율적으로 수행하길 기대한다. 나아가 전 국민이 '빙그레' '그분이 오셨네' '만들었구나!' '너였구나!' 등의 감정돌봄 원리를 애용하는 날이 오기를 꿈꿔 본다.

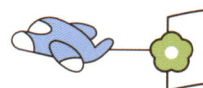

참고문헌

김용수(2008). 아동명상 프로그램이 초등학생의 스트레스 감소에 미치는 효과. 상담학연구, 9(2), 827-848.

김용수(2010). 알아차림 프로그램이 주부자원봉사자의 스트레스감소에 미치는 효과. 상담학연구, 11(3), 1351-1373.

김용수(2012). 정서알아차림이 교사들의 스트레스 감소에 미치는 효과. 정서·행동장애연구, 28(1), 277-308.

김용수(2013). 자각기반상담(Awareness Based Counseling) 모형의 구성과 적용. 2013년 제46회 통합 월례사례발표회 및 학술대회 자료집 (pp. 1-48). 한국상담학회.

김용수(2014). 알아차림 프로그램이 초등 교사들의 상위인지자각과 수용행동에 미치는 효과. 상담학연구, 15(2), 811-830.

김용수(2014). 통합예술치료를 활용한 자각증진 프로그램이 주부상담자원봉사자의 스트레스감소와 수용행동에 미치는 효과. 예술심리치료연구, 10(3), 181-200.

김용수(2015). 마인드플리스와 인지주의적 상담. 2015년 제9회 학술행사 마인드플리스와 상담의 만남 자료집 (pp. 89-122). 제주국제명상센터.

김용수(2015). 통합예술치료를 활용한 자각증진 프로그램에 참여한 상담수련생의 스트레스 지각경험에 대한 현상학적 연구, 예술심리치료연구, 11(4), 235-262.

김용수(2018). 러블리 어텐션: 지친 내 마음을 돌보는 방법. 학지사.

김용수(2019). 인지·정서 알아차림이 상담전공 대학원생들의 스트레스에 미치는 효과, 학습상담연구, 8(1), 43-69.

김용수(2021). 정서행동 관심군 청소년의 자각증진 프로그램 참여 경험에 대한 현상학적 연구, 교육치료연구, 13(1), 121-142.

김용수(2023). 빙빙(BeingBeing) 게임앱. Goole play store. / Apple app store.

김용수, 김송이, 정찬구 (2018). 청소년 도박행동 경험에 대한 현상학적 연구. 상담학연구. 19(3), 159-181.

김용수, 김연옥 (2016). 인지행동상담에 기초한 노인우울 집단미술치료 프로그램의 효과. 예술심리치료연구, 12(1), 151-173.

김용수, 김인복(2016). 부부성장 집단상담 참여자의 경험 연구. 가족과 문화, 30(2), 1-37.

김용수, 김인복(2020). 재혼 부부의 부부친밀감 형성 경험 연구: 재혼 기간이 10년 이상인 부부를 중심으로. 한국가족관계학회지, 25(3), 37-59.

김용수, 김희정(2017). 중년 기혼여성이 지각하는 원가족 부모의 양육태도와 부부친밀감의 관계에서 부부의사소통의 매개효과. 한국가족관계학회지, 22(1), 41-62.

김용수, 박주영(2021). 아동기 정서적 학대와 대학생의 대인관계 간의 관계에서 초기 부적응 도식의 매개효과, 정서·행동장애연구, 37(1), 309-330.

김용수, 박현주(2009). 가족관계증진 프로그램이 장기수용자의 가족관계 스트레스 감소에 미치는 효과. 상담학연구, 10(1), 583-603.

김용수, 박현주(2009). 장기수용자가 지각하는 가족관계 스트레스의

분석. 예술심리치료연구, 6(1), 123-143.

김용수, 신애자(2016). 감사 연구동향 및 관련변인에 대한 메타분석. 상담학연구, 17(1), 149-168.

김용수, 신애자(2017). 중도지체 장애대학생의 장애수용 경험 연구. 특수교육학연구. 51(4), 115-141.

김용수, 한창균(2016). 두란노아버지학교 참여자 경험에 대한 현상학적 연구. 교육치료연구, 8(3), 469-492.

김용수, 함윤정(2015). 장애대학생의 사회적 지지와 진로결정 자기효능감과의 관계에서 자아탄력성의 매개효과. 특수교육재활과학연구, 54(4), 235-251.

김용수, 허선희, 신애자(2019). 근로시간 단축으로 인한 생산직 여성근로자의 불안경험 탐색. 재활심리연구, 26(4), 99-114.

김용수, 현성미(2017). 경계선 증후군 어머니의 대상관계 부모교육프로그램 참여 경험 연구. 열린부모교육학회, 9(1), 179-202.

김용수, 홍은진, 유주현(2021). 발달장애성인 미술치료 연구동향. 예술심리치료연구, 17(1), 131-157.

저자 소개

김용수(Kim, Yongsoo)

한국상담학회 초월영성상담학회장과 군경소방상담학회장 및 한국학습상담학회장을 역임하였다. 현재는 평택대학교 대학원 상담학과 교수로 재직하고 있으며, 한국자각기반상담연구회장으로서 활발히 활동하고 있다.

1990년대부터 자각(알아차림) 방식을 활용하여 상담 및 프로그램을 진행해 왔으며, 2008년부터 현재까지 매년 등재 학술지에 관련 논문을 투고하는 등 연구를 계속하고 있다. 한편, 일반인들이 자각(알아차림)의 원리를 보다 더 수월하게 습득할 수 있도록 삽화와 만화를 활용한 『러블리 어텐션: 지친 내 마음을 돌보는 방법(학지사, 2018)』을 저술하고, '러블리 어텐션' 프로그램을 일반인과 직장인을 대상으로 계속 실시해 오고 있으며, 최근에는 누구나 그 원리를 재밌게 익힐 수 있도록 자각게임 앱 '빙빙(BeingBeing)'을 구글과 애플에 출시하는 등 자각(알아차림) 방식의 대중화에 많은 노력을 기울이고 있다.

빙빙의 감정돌봄과 관련하여 상담이나 코칭 또는 교육에 관심이 있으신 분은 QR코드로 접속하여 메모를 남겨 주세요.

만화로 보는 감정돌봄(제1권 가족편)
-빙빙과 함께하는 감정돌봄 지침서-
Emotional Care Through Comics: A Guide for Emotional Care with BeingBeing

2024년 1월 20일 1판 1쇄 인쇄
2024년 1월 30일 1판 1쇄 발행

지은이 • 김용수
펴낸이 • 김진환
펴낸곳 • ㈜**학지사**

04031 서울특별시 마포구 양화로 15길 20 마인드월드빌딩
대표전화 • 02-330-5114 팩스 • 02-324-2345
등록번호 • 제313-2006-000265호

홈페이지 • http://www.hakjisa.co.kr
인스타그램 • https://www.instagram.com/hakjisabook

ISBN 978-89-997-3018-4 03810

정가 15,000원

저자와의 협약으로 인지는 생략합니다.
파본은 구입처에서 교환해 드립니다.

이 책을 무단으로 전재하거나 복제할 경우 저작권법에 따라 처벌을 받게 됩니다.

출판미디어기업 **학지사**

간호보건의학출판 **학지사메디컬** www.hakjisamd.co.kr
심리검사연구소 **인싸이트** www.inpsyt.co.kr
학술논문서비스 **뉴논문** www.newnonmun.com
교육연수원 **카운피아** www.counpia.com